DÉCOUVERTE

D'UNE

MOSAÏQUE

A

STE-COLOMBE-LÈS-VIENNE

VIENNE

OGERET & MARTIN, IMPRIMEURS-ÉDITEURS

13, Place de l'Hôtel-de-Ville

—

1899

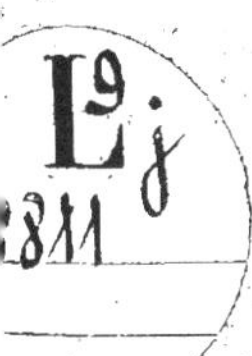

DÉCOUVERTE

D'UNE

MOSAÏQUE

A

STE-COLOMBE-LÈS-VIENNE

VIENNE

OGERET & MARTIN, IMPRIMEURS-ÉDITEURS

13, Place de l'Hôtel-de-Ville

—

1899

DECOUVERTE

D'UNE MOSAÏQUE

A Ste-COLOMBE-LÈS-VIENNE (1)

Il y a quelques semaines il s'est encore découvert une mosaïque à Ste-Colombe, le hasard, ici, a comme presque toujours joué le rôle de grand maître. En faisant un trou dans l'aire d'une remise pour y planter un poteau, l'occupant, en ouvrier assez avisé d'ailleurs, rencontrant quelque résistance à la profondeur de quatre-vingt-dix centimètres environ, imagina d'en rechercher la cause et pour cela il élargit l'excavation, il lui sembla alors voir une mosaïque, il élargit encore et c'en était bien une. Deux ou trois journées d'un travail encouragé par l'espoir d'une bonne aubaine lui permirent de déblayer un emplacement de forme demi-circulaire d'un peu plus de trois mètres de diamètre, bel et bien pavé de petits cubes de couleurs diverses, confuses d'abord, mais qui revêtirent bientôt des formes humaines après un lavage délicatement opéré.

Cette mosaïque se distingue de la plupart de celles déjà trouvées à Ste-Colombe par la disposition du

(1) Dans la propriété Chaumartin, en rive de la route nationale de Paris à Nîmes, proche de la gare, en face de la Gendarmerie.

sujet; au lieu de comporter une série de figures
régulières, de carrés ou de cubes avec motifs variés de
fleurs, d'oiseaux, d'animaux et autres, l'ensemble
expose une scène composée de personnages un peu
moins grands que nature, disposés en trois groupes
de deux figures chacun.

Le groupe de gauche par lequel doit se faire plus
volontiers la lecture du sujet, représente un homme
jeune à demi couché sur un lit de repos, les jambes
allongées et le buste droit, il est vu de dos mais la
tête fait un mouvement de retour en arrière pour
regarder un second personnage tout proche de lui, il
tient de la droite une canthare inclinée, vide déjà,
éloignée de ses lèvres. La partie médiane de son
corps est enveloppée dans une peau de panthère, ses
jambes sont couvertes d'une draperie rouge, la pre-
mière jambe, celle de droite, est complètement étendue,
l'autre, au second plan, repliée sur elle-même, laisse
apercevoir le haut du genou.

Le second personnage est un homme âgé, il fait face
de très près à son compagnon et porte le bras élevé
tenant une lyre à cinq cordes dont il joue. Celui-ci
paraît l'écouter avec attention, il est également vu de
dos mais par l'effet d'un mouvement de torsion
exagéré, car c'est sa poitrine que l'on devrait voir, ce
dos est recouvert d'un pallium rouge au-dessous
duquel paraît une tunique blanche courte.

Tous deux ont la tête couronnée de feuillages et de
fleurs.

Dans la scène qui se passe du côté opposé de la
courbe est un faune regardant en avant, tenant à sa
gauche un pedum dont on aperçoit la crosse, et de sa
main droite portant un rython dont l'extrémité très

effilée vient jusqu'à ses lèvres ; autour de ses reins est serrée une peau de panthère, ses jambes se terminent par des pieds de bouc.

En arrière est une femme assise, les jambes enveloppées d'une longue tunique blanche et les épaules couvertes d'une draperie rouge, elle est vue de profil, de la main gauche, élevée au-dessus de son épaule, elle relève un petit pan d'étoffe tandis qu'elle étend son bras droit jusque près de la tête du faune ; mais le haut de cette dernière ainsi que la main de la femme manquant par suite de la dégradation de la mosaïque, on ne saurait en définir l'action représentée sur laquelle paraissait reposer l'intérêt de cette scène.

Le groupe intermédiaire occupant le milieu de la courbe n'est malheureusement accusé que par quelques fragments ; d'une part, deux jambes parfaitement drapées, elles appartenaient à un personnage vu de face qui tenait de la main droite une canthare penchée d'où l'on voit s'échapper le liquide. Sur la gauche et un peu éloignée paraît encore une jambe, celle-ci seule, pendante est enveloppée, à l'exception du pied qui est nu, c'est tout ce qui reste du personnage ; on voit bien à une certaine distance le sommet d'une tête couronnée de feuillages, elle appartenait peut-être au corps de ce dernier, mais on ne saurait l'y rattacher facilement, à moins de le supposer très renversé en arrière, ajoutons qu'il y avait peut-être une troisième figure à l'endroit complètement détruit, resté vide au milieu du groupe.

Quant au sujet qui occupait la partie centrale de cette mosaïque, il a complètement disparu, ce pouvait être la reproduction du décors d'un intérieur d'appartement, ou plus précisément d'un *triclinium*.

L'hypothèse d'un triclinium nous expliquerait la disposition qu'affectent les personnages dont les têtes tendent plus ou moins régulièrement vers le point du centre et dont les pieds sont dirigés sur la courbe ; mais ici s'élève une difficulté : autour de cette mosaïque se développait une plinthe qui nécessitait une construction en élévation et alors, s'il en était ainsi, comment pouvait-on lire les scènes, les spectateurs n'ayant pas de recul et leurs dos étant immédiatement appuyés au mur circulaire ; il est vrai qu'il existait entre les sujets et ce mur une frise, mais comme celle-ci n'avait guère que 0^{m}40 de largeur, cet espace était encore tout à fait insuffisant.

Pour expliquer ce fait, il nous paraîtrait que la plinthe dont il reste des fragments formés eux-mêmes de petits cubes de mosaïque appliqués verticalement, sont l'indication du soubassement d'une sorte d'*exedra* ou banc établi au niveau de l'aire d'appartements ou de galeries circulaires d'où l'on pouvait suivre en détail les différentes scènes représentées par la mosaïque.

Il ne faut, en outre, pas perdre de vue que l'emplacement qui nous occupe ne paraît être que l'extrémité d'une pièce plus étendue dont le complément s'étend sous le mur séparatif de la propriété voisine, mais l'ensemble du sujet tel que nous le voyons est complet, si la mosaïque se poursuit au delà, les motifs en sont distincts ; il est même possible que nous nous trouvions en présence d'une de ces mosaïques importantes dont ce sujet était le principal tableau accompagné de panneaux aux lignes géométriques et sévères qui faisaient valoir la composition. Telle était, entr'-autres, celle trouvée également à Ste-Colombe, en

1773, représentant Ulysse qui reconnait Achille caché chez le roi Lycomède.

Un dessin relevé à l'époque de la découverte nous en a conservé le souvenir, à défaut de la mosaïque qui a été détruite, nous dit la légende, par le propriétaire même que contrariaient les trop nombreux visiteurs en foulant des pieds les récoltes entourant la précieuse trouvaille.

Pour compléter cette description nous dirons que nous nous sommes, pendant quelque temps, arrêté devant un espace blanchâtre, sans formes précises que nous tenions cependant à déterminer et nous y avons alors vu un chien couché entre les jambes des amphitryons, ce qui complète cette réunion intime. Il nous reste à ajouter que ces trois groupes correspondant aux trois côtés du triclinium forment un ensemble enveloppé dans une frise où court un grand et fort cep de vigne avec ses branches latérales, portant leurs feuilles, leurs vrilles et aussi des raisins, il s'y voit même un oiseau, une grive sans doute, bien dessinée et bien peinte.

Telle est cette intéressante mosaïque qui, malgré les mutilations importantes qu'elle a subies, à une époque plus ou moins ancienne, nous fait assister à une scène bachique, à l'heure, on le devine, où les libations commencent à se ralentir, les canthares sont vides ou laissent épancher le peu de vin qu'elles contiennent encore, et les sons de la lyre déjà suspendent toutes conversations, tous mouvements.

C'est le moment où à la fin des banquets familiers de nos jours, nous disons: « la parole est aux chanteurs ».

Il y a lieu de croire que l'artiste ne s'était pas arrêté

au hasard sur ce sujet, mais que bien au contraire il
avait l'intention de retracer une de ces scènes de la vie
courante et la salle où elle était figurée était peut être
celle-là même où dans cette villa avaient lieu ces
joyeuses réunions.

Décidément, Sainte-Colombe, pour ne pas avoir été
l'île chère aux fervents de Vénus, était encore une
petite Cythère où nos arrières-ancêtres viennois, cou-
ronnés de fleurs et de pampres, allaient sacrifier à
Bacchus, et oublier la grande cité dès qu'ils avaient
passé l'eau.

Quant à la valeur artistique de cette mosaïque, il
nous paraît que le peintre a été quelque peu embA-
rassé, parfois, dans la structure des personnages, les dos
notamment nous ont semblé prendre parfois la place
des estomacs; quelques draperies sont un peu raides
et le coloris, en général, est d'un ton trop uniforme;
mais la nature du sujet prime la beauté de l'exécution,
aussi pensons-nous que des fouilles complémentaires
ne feraient qu'ajouter à la valeur de l'objet, elles lève-
raient en tous cas les doutes qui restent sur l'impor-
tance de son état ancien, nous souhaitons vivement
que les intéressés s'entendent pour cela, ils arrive-
raient sans doute à peu de frais à satisfaire la curiosité
de tous et leurs avantages particuliers au grand profit
de l'histoire de l'art antique à Vienne.

Vienne, le 10 Août 1900.

E. Bizot

www.ingramcontent.com/pod-product-compliance
Ingram Content Group UK Ltd.
Pitfield, Milton Keynes, MK11 3LW, UK
UKHW022348170726
13837UKWH00005BA/2499